Mr.
MANUEL.

« Que justice soit faite ! »
MANUEL.

PONTHIEU, LIBRAIRE AU PALAIS ROYAL.

1824.

M^r.

MANUEL.

« Que justice soit faite ! »

MANUEL.

M. MANUEL.

Déjà beaucoup de candidats sont présentés aux électeurs; les amis sont en course; les listes circulent; les promesses, les soins, les prévenances, les truffes, le champagne, tout est prodigué, et je sais maintenant que les *cuisiniers ministériels* ne sont pas les seuls *recommandables*.

J'ai entendu beaucoup causer, et j'ai appris en même temps que la Vendée, *mieux éclairée par les événemens qui se sont passés*, doit confier le soin de ses intérêts à un mandataire dont les sentimens seront plus en harmonie avec sa *vieille fidélité*, et que M. Manuel était inscrit au nombre des candidats que l'on présentait pour Paris. *Honneur à la Vendée!*

Examinons maintenant jusqu'à quel point ce candidat mérite notre confiance, et quelles sont les garanties que sa vie politique offre à la société.

M. Manuel est né à Barcelonette, département des Basses-Alpes, le 17 décembre 1775. Il est fils de M^e. Charles Manuel, notaire royal de cette ville.

Il eut pour parrain M^e. Antoine Maurin, avocat en la cour, et pour marraine demoiselle Catherine Manuel, sa sœur; il reçut d'eux les prénoms de Jacques-Antoine.

Sa jeunesse fut studieuse, malgré les passions vives qui l'agitèrent.

En 1793, il s'enrôla volontairement, devint capitaine, et quitta le service après le traité de *Campo-Formio*, par ressentiment d'un passe-droit.

Il se livra ensuite à l'étude de la jurisprudence, et fut reçu avocat à Aix.

M. Manuel ne paraît pas son âge; il est grand, mince, myope et blond; son maintien n'a rien de distingué : sa mise est simple, sa figure spirituelle, et sa conversation modeste; il improvise ses discours, il les débite facilement et d'une voix pure; il est généralement diffus, et cependant il a presque toujours de l'éloquence.

(5)

Dans les cent jours, M. Manuel fut
nommé membre de la chambre des
représentans., par le département des
Basses-Alpes ; il apporta dans cette assemblée tumultueuse des opinions qui
avaient été dirigées par Foucher, qu'il
avait connu à Aix dans le temps de sa
disgrâce.

Après la défection de Waterloo et la
seconde abdication de Bonaparte, la
chambre des représentans était divisée
sur le choix du souverain dont elle
ferait *cadeau* à la France. Les uns demandaient Napoléon II ; d'autres son-
geaient à la maison d'Orléans ; celui-ci
demandait l'Empereur de Russie ; celui-
là, le prince Constantin, son frère ;
un Cosaque suffisait au vieux propriétaire du cheval blanc, pourvu qu'on
eût l'attention délicate de ne pas lui
donner un Bourbon. Enfin, l'embar-
ras du choix allait croissant, lorsque
M. Manuel vint à son tour exprimer
son vœu.

...... « Ce n'est pas, disait-il, que
je croie les partis ni si nombreux, ni

si forts qu'on pourrait le craindre. »

« *Le parti républicain* ? Je ne vois rien qui donne lieu de penser qu'il existe, soit dans des têtes encore dépourvues d'expérience, soit encore dans celles que l'expérience a mûries. »

» *Le parti d'Orléans ?* Penserait-on qu'il réunît beaucoup d'opinions, parce qu'il paraîtrait admettre plus de chances pour la liberté et le bonheur du peuple, par la garantie des principes et des hommes de la révolution. »

» *Les royalistes enfin* ? A leur égard, je me hâte de repousser l'induction qui pourrait être tirée de ce qui a été dit dans cette enceinte (*)...

» Il s'agit de ne point proscrire l'héritier constitutionnel, et de se livrer à l'espérance que les alliés n'auront pas contre ce fils la même politique et les mêmes intérêts que contre le père, dont ils n'ont pas voulu reconnaître l'existence sur le trône de France... »

(*) On avait prétendu que M. Manuel était dans les intérêts des Bourbons.

M. Manuel ayant été chargé de la rédaction d'une adresse au peuple français, la partie de l'assemblée qui avait demandé la proclamation du fils de Napoléon, se plaignait que son nom n'y fût pas prononcé, et crut voir dans cette omission une arrière-pensée et le projet de favoriser une autre dynastie. On connaissait bien mal M. Manuel ! Aussi repoussa-t-il avec indignation un tel soupçon. « Faut-il, s'écriait-il avec l'accent le plus persuasif, faut-il, Messieurs, vous dire ma pensée toute entière ? Je veux le bonheur des Français, et je ne crois pas que ce bonheur puisse exister, si le règne de Louis XVIII recommence. Vous voyez quelle est ma franchise ; certes, *si je voulais dissimuler*, je ne prendrais pas cette salle pour lieu de ma confidence !... »

Les alliés étaient sous les murs de Paris, tout promettait le prochain retour du Roi, lorsque M. Manuel, qui avait été nommé rapporteur de la commission chargée de *brocher* une constitution, fit la proposition suivante :

« La chambre croit de son devoir et de sa dignité de déclarer qu'elle ne saurait jamais avouer pour chef légitime celui qui, en montant sur le trône, refuserait de reconnaître et de consacrer les règles du gouvernement constitutionnel (*) ; et si la force des armes parvenait à nous imposer un maître... Alors nous déclarons que, cédant à la force, la représentation nationale en appellerait à l'énergie de la génération présente et des générations futures, pour revendiquer l'indépendance nationale et la liberté civile, comme elle en appelle dès à présent à la justice et aux proclamations des puissances.

Le 8 juillet arriva heureusement pour tirer ces bons citoyens du mauvais pas où ils étaient, et pour nous débarrasser d'eux.

Dans la nuit du 7 au 8, le comte Alexandre de Boisgelin, ancien colonel

---

(*) Il n'entendait pas parler de la Charte, mais de la constitution improvisée par la commission de la chambre des représentans, et la Charte existait.

de la dixième légion de la garde nationale, étant arrivé secrètement à Paris,
vint proposer à une vingtaine de gardes,
dont il connaissait la fidélité. de s'emparer des portes du palais Bourbon,
afin d'empêcher les représentans d'y
pénétrer le 8 au matin, comme ils se
l'étaient proposé. Un semblable appel
ne pouvait être accueilli qu'avec enthousiasme.

Les représentans arrivèrent en
vain : on s'est permis ce jour-là de leur
faire la loi. L'un d'eux, M. Dumolard,
reconnut, dans le factionnaire qui était
placé à la grille du pont et qui lui refusait l'entrée, un de ses anciens collègues, M. Pardessus; il insiste, il prie,
il supplie, et enfin fatigué de ce que,
malgré ses instances, il ne peut rien
obtenir de ce collègue dénaturé, il lui
tient à-peu-près ce langage : Puisqu'il
nous est impossible de nous rendre dans
le lieu de nos séances, où les intérêts de
la patrie nous appellent, la postérité
saura que c'est la force des bayonnettes

seule qui nous empêche de remplir notre mandat.

C'est alors que les honorables, car ils s'appelaient aussi honorables, se rendirent chez leur président, le comte Lanjuinais, aujourd'hui pair de France, pour rédiger une protestation dont M. Manuel est un des signataires.

Cette chambre dissoute, M. Manuel rentra dans la vie privée, et rédigea, dit-on, les mémoires des maréchaux Soult et Masséna.

En 1816, il s'est présenté pour se faire inscrire sur le tableau des avocats de Paris; le conseil de discipline de l'ordre lui refusa cette inscription.

Il est *propriétaire* d'une maison sise rue de la Verrerie, n° 30, et pour laquelle il paie douze à treize cents francs d'impôts. Tous les instans de ce *propriétaire* étant consacrés à l'étude, on assure *que c'est un banquier de la Chaussée-d'Antin qui touche les loyers pour son compte.*

En 1818, le département de la Ven-

dée le nomma membre de la chambre
des députés.

Lors de la discussion sur l'élection de
l'abbé Grégoire, il a prétendu que les
orateurs qui cherchaient à exclure du
sanctuaire des lois un régicide, voulaient
consacrer une usurpation de pouvoir,
créer un instrument de tyrannie, anéan-
tir la charte, détruire la liberté publique, élever un véritable signal de
contre-révolution; il soutint même que
l'abbé Grégoire, quoique coupable de
régicide, avait des droits politiques
qu'on ne pouvait lui ravir.

Malgré ses beaux discours, l'abbé
Grégoire ne fut pas moins déclaré *in-
digne*.

Dans la discussion sur les pétitions
qui demandaient le maintien de la loi
des élections, M. Manuel a prétendu
qu'on ne devait connaître l'opinion publique que dans les écrits des libéraux
et dans les réclamations des pétition-
naires. On avait toujours cru que l'opinion publique ne se trouvait et ne devait
se trouver que dans la majorité de la

chambre ; mais M. Manuel, en vertu de sa toute-puissance, veut renverser cet ordre naturel des choses, pour y substituer un système absurde dans son principe et funeste dans ses conséquences : les troubles du mois de juin éloquemment provoqués et largement salariés, n'ont cependant point empêché la marche du gouvernement vers le but qu'il s'était sagement proposé.

M. Manuel appelait *aussi* une catastrophe l'heureux événement qui a ramené Louis XVIII sur le trône de ses pères. Parmi les malheurs qu'il déplorait, il plaçait la proscription des *couleurs nationales* qui, disait-il, n'appartenaient point au prince détrôné, qui n'étaient la livrée d'aucune famille, mais le signe de l'*indépendance nationale*. Ce langage excita la pitié de la chambre.

J'arrive maintenant au scandale de la session de 1823.

La discussion venait d'être vivement engagée sur les affaires d'Espagne ; les amis de la monarchie et de la légitimité désiraient la guerre ; ils la demandaient afin d'exterminer le monstre révolutionnaire qui , après avoir désolé la France, la Sardaigne , Naples et le Portugal, venait enfin de porter ses poisons en Espagne.

Les préparatifs de cette sainte guerre, de cette guerre conseillée par le génie du bien contre le génie du mal , effrayèrent la révolution déjà vaincue partout; ses jeunes néophytes et ses vieux desservans ne répondaient à ce noble cri AUX ARMES, que par les vociférations de la rage et du désespoir.

La discussion du projet de loi relatif à l'ouverture d'un crédit extraordinaire pour l'année 1823 , avait déjà été entamée, pour et contre , avec toutes les convenances parlementaires. M. le ministre des affaires étrangères avait , dans un discours fort étendu et avec autant de bonne foi que de talent, combattu les assertions fallacieuses de l'opposition.

M. de Châteaubriand avait démontré la nécessité où la France se trouvait , d'abandonner son système pacifique ; l'Espagne était en feu , et le roi Ferdinand prisonnier dans son palais , au milieu de sa capitale et environné de ses gardes massacrées ; les corsaires, multipliés par la révolte, arrêtaient nos bâtimens dans les mers de l'Amérique ; nos consuls étaient insultés , notre territoire violé , des royalistes enfin avaient été égorgés sur le sol même de la France.

Cette guerre , d'ailleurs, au milieu des regrets qu'elle pouvait causer , présentait de grands avantages : son but n'était pas de rétablir le pouvoir absolu , ni l'inquisition , mais d'attaquer la révolution qui demandait encore le sang d'un Bourbon; son résultat était de replacer la France au rang qu'elle doit toujours occuper parmi les grandes nations de l'Europe : elle l'obligeait à créer une armée qui devait décider son émancipation et la mettre à même de proclamer son indépendance ; elle offrait aussi les moyens d'étouffer ce qui restait encore d'hostile dans les partis, en confondant dans une gloire commune les souvenirs anciens et nouveaux de l'armée.

Les événemens ont parlé ! !... Les Bourbons triomphent encore de la révolution ; l'armée, partout fidèle, revient victorieuse, et Ferdinand est rendu à ses peuples.

C'est au développement de ces hautes pensées que M. Manuel entreprit de répondre dans la séance du 26 février; écoutons-le, il est à la tribune.

.... » Mais je veux adopter la supposition la plus favorable aux succès de nos armes. Je suppose que les Espagnols oublieront tout sentiment d'orgueil national, le courage et la générosité qui les distinguent, qu'ils ne feront pas usage des moyens de résistance que la nature leur donne. Je suppose qu'ils éprouvent toutes sortes d'adversité. Enfin nous voilà en Espagne vainqueurs. Le pouvoir absolu est rétabli. Mais vous n'y resterez pas éternellement ; il faudra bien rentrer en France. Alors qui empêchera que les circonstances qui ont amené la révolution ne se repro-

duisent? Vous avez toujours vu qu'en révolution le premier élan peut être
comprimé, mais bientôt il reprend de
nouvelles forces. Toutes les fois qu'on
a voulu abattre ce géant, il s'est relevé
plus fort et plus terrible, et il a fini par
acquérir *le droit* de vaincre ses ennemis!...

.... » Qui promettra au peuple es-
pagnol une charte qui puisse garantir
ses libertés? Sera-ce Ferdinand?...Vous
savez comment les Souverains ont tenu
leurs promesses!...

... » Eh bien, Ferdinand n'a rien
promis; mais en revanche il a des ven-
geances terribles à exercer. Son gouvernement était atroce!

M. Manuel est spontanément interrompu par le côté droit et le centre; le
côté gauche (1) garde le silence.

Au milieu de la confusion des voix qui
demandent le rappel à l'ordre, M. le marquis de Eorbin-des-Issarts répète que l'o-

____

(*) J'entends par côté gauche, l'extrême gauche; il en
sera partout de même.

rateur insulte un gouvernement établi ; que cela n'est point parlementaire.

M. le président fait observer que si ce langage s'était adressé à la personne d'un souverain, il aurait cru qu'il était de son devoir de rappeler l'orateur à l'ordre ; mais que comme il parlait du gouvernement, et qu'on tient pour principe que des reproches adressés à un gouvernement ne peuvent jamais porter sur la personne du Roi, il a dû dès-lors attendre la fin de la phrase de l'orateur, pour savoir si elle pouvait s'adresser à une personne auguste et contre laquelle, il aime à le croire *l'orateur lui-même* ne se permettrait aucune sorte d'imputation.

Le calme se rétablit et M. Manuel continue.... « Vous voulez sauver les jours de Ferdinand : hé bien , ne renouvelez pas les mêmes circonstances qui ont traîné à l'échafaud *ceux* qui en ce moment vous inspirent un si vif intérêt...

Un murmure désapprobateur interrompt l'orateur, qui reprend :

2

« Ne renouvelez pas les circonstances qui précisément ont conduit à
l'échafaud ceux pour qui vous témoignez
en ce moment un si vif intérêt , et *j'o-
serai* ajouter un aussi légitime intérêt.

Avez-vous donc oublié , Messieurs ,
que c'est parce que les Stuatrs avaient
un appui dans l'étranger , qu'ils ont
été renversés de leur trône ? avez-vous
oublié que c'est parce que les puissances
étrangères étaient venues en France
que Louis XVI a été précipité !

...... « Ai-je besoin de dire que le
moment où les dangers de la Famille
Royale en France sont devenus plus
graves , c'est lorsque la France , la
France révolutionnaire, a senti qu'elle
avait besoin de se défendre par une
forme nouvelle , par une énergie toute
nouvelle... »

Ces dernières paroles provoquent
une explosion de murmures d'indignation. Les cris à l'ordre ! à l'ordre ! à bas
de la tribune ! sont répétés de bouche
en bouche ; la gauche elle-même donne
des marques d'improbation.

Au milieu de ce tumulte qui porte une vive inquiétude dans les tribunes, M. le Président parvient à faire entendre ces mots : Il est impossible de ne pas faire remarquer à l'orateur que la manière dont il s'explique actuellement s'écarte tout-à-fait de l'ordre, car en parlant d'un événement qui a fait couler les larmes de toute la France, et qui sera pour elle un éternel objet de douleur et de regrets, le qualifier de résultat d'une énergie nouvelle, c'est tout à la fois. . . .

Des membres de la gauche prétendent *qu'il n'a pas dit cela.*

M. Ravez leur répond avec beaucoup de fermeté : Il me semble que je mets assez de réserve dans l'accomplissement du devoir qui m'est actuellement imposé, pour qu'il ne soit pas permis de dire que j'attribue à l'orateur des paroles qu'il n'a pas proférées. Voici ce qu'il a dit : Faut-il donc dire que le moment où les dangers de la famille royale devinrent plus graves, fut celui où la France révolutionnaire sentit qu'elle avait besoin de recourir à une énergie nouvelle... »

On s'écrie de toutes parts , à l'exception de la gauche : il a dit cela!.. oui, oui !.. c'est horrible !.. à l'ordre! à l'ordre! ôtez-lui la parole !..

M. le Président continue : » Dès-lors il m'a été impossible de garder le silence , et j'ai dû rappeler l'orateur à l'ordre. »

L'agitation recommence ; bientôt elle est à son comble. Le rappel à l'ordre ne suffit plus , les députés de la droite réclament l'interdiction de la parole , mais en vain : le réglement s'y oppose. Ils quittent leurs bancs , se retirent dans le couloir ou entourent la tribune. M. Manuel y est resté calme; il prend son lorgnon et promène, d'un air triomphant, un regard au moins-inconvenant sur le désordre qui règne autour de lui.

MM. Hyde de Neuville et Forbin des Issarts s'élancent en même tems à la tribune, que M. Manuel occupe toujours. Le premier de ces messieurs demande à venger la France , à venger l'armée...

M. le Président lui fait observer qu'il n'a pas la parole et qu'il ne peut la lui accorder. Le trouble allant toujours croissant, la séance est suspendue. Des comités se forment dans le sein de la chambre et dans les couloirs.

Un quart d'heure après, la séance est reprise et bientôt suspendue de nouveau pour se retirer dans les bureaux pendant une heure.

A peine le Président est-il de retour au fauteuil , que M. Manuel reparaît à la tribune; on ne veut pas l'entendre.

M. Forbin des Issarts demandant le rappel au réglement , dit qu'il n'a pas pu prévoir le cas qui se présente, mais que la chambre n'a pas dû se lier pour des circonstances extraordinaires et telle que celle qui se présente ; qu'elle n'a pas dû se condamner à entendre malgré elle prêcher des doctrines qui appellent le régicide ou qui le justi-fient. Il propose en conséquence, et pour obéir au devoir qu'a la chambre de se faire respecter parce qu'elle à la confiance de la France et qu'elle doit y répondre , qu'elle manifeste le vœu d'expulser de son sein l'orateur incendiaire.

On veut sur-le-champ mettre aux voix cette proposition ; mais M. le président fait remarquer qu'elle n'a pas été faite dans les formes voulues , et qu'il ne peut céder au désir de la chambre.

M. Manuel, qui est resté pendant tout ce tems à la tribune, remet un papier à M. Ravez; il offre d'en faire la lecture, la chambre refuse.

Le marquis de Chauvelin veut à son tour parler sur le réglement ; mais il obtient en vain la parole. Il est accueilli par ces mots : Non, non, plus d'orateurs révolutionnaires! aux voix , aux voix la proposition...

Le président, trop jaloux de l'estime de la chambre , pour mettre aux voix une proposition faite contre la teneur du réglement, voyant qu'il n'est pas en son pouvoir de rétablir le calme, est forcé de lever la séance.

Le lendemain 27, M. le comte de la Bourdonnaye est appelé à la tribune pour développer une proposition qu'il avait remise la veille à M. le président; il s'exprime ainsi :

« Conduit à cette tribune par la nécessité d'opposer à un grand scandale une réparation éclatante, ce n'est que malgré moi que je vous rappellerai des expressions d'autant plus affligeantes, qu'elles ne nous ramènent à l'époque la plus douloureuse de notre histoire que pour nous en présenter l'apologie la plus criminelle.

» L'orateur qui les a proférées, signalé par de graves et fréquentes récidives, a déjà vainement épuisé plus d'une fois toutes les rigueurs que l'indulgente sévérité de vos réglemens confie au pouvoir discrétionnaire de votre président.

» Traduit aujourd'hui devant vous par l'indignation générale, non pour un mot, pas même pour une phrase involontairement échappée à la difficulté de l'improvisation , mais pour un dis-cours tout entier , dont l'ensemble et les détails , également criminels , font non-seulement revivre les doctrines perni-cieuses qui firent tant de ravages parmi nous , mais vont encore jusqu'à justifier le plus épouvantable des forfaits qu'elles enfantèrent, trouvera-t-il une dange-reuse impunité dans l'insuffisance de vos réglemens ?

» Non , Messieurs, et c'est par cela même qu'une Chambre française n'a pas pu prévoir qu'un député , dont l'obliga-tion première est d'être loyal et fidèle , abusât jamais de la liberté des opinions pour proclamer dans cette enceinte l'apo-logie du régicide; c'est par cela même que cette inviolabilité des opinions le sous-trait encore à la jurisprudence des tri-bunaux , qu'il doit exister quelque part une haute juridiction à laquelle soient soumis de pareils attentats !

» C'est en vous qu'elle réside, Mes-sieurs, cette juridiction ; elle est une condition nécessaire de votre exis-

comme corps politique, comme pouvoir de la société...

» C'est à raison de cette haute juridiction que je crois de mon devoir de traduire devant vous M. Manüel, député du département de la Vendée, à raison du discours qu'il a prononcé dans votre dernière séance.

» Je ne rappellerai point ce discours, Messieurs, je craindrais d'en renouveler le scandale ; peut-être même ne serait-il pas en mon pouvoir d'en parler avec la modération qui convient à l'accusation solennelle que je porte aujourd'hui devant vous.

» Vous les avez entendues, Messieurs, ces expressions, elles ont été répétées par l'orateur ; vous en avez saisi, vous en avez pesé le sens et la gravité. Appelés à prononcer, comme jurés, toute discussion sur ces expressions qui tendrait à substituer l'opinion que j'en porte à l'impression qu'elles ont faite sur vous-mêmes au moment où elles ont été prononcées, aurait le grave inconvénient d'influencer votre juge-

3

ment. C'est au sentiment que vous avez éprouvé, c'est au souvenir qui en reste profondément gravé dans vos cœurs que j'en appelle. Ce sont là les meilleurs et les plus véridiques témoins que je puisse invoquer.

» Défenseurs des pouvoirs de la société, vous ne souffrirez pas qu'une attaque contre le premier, contre le plus auguste de tous ces pouvoirs, demeure impunie.

» Défenseurs des libertés publiques, vous ne souffrirez pas qu'on abuse à ce point de la première de toutes, de celle qui protége toutes les autres, de la tribune nationale, pour rendre odieux et impossible le gouvernement représentatif.

» Convaincus des funestes effets d'une trop longue indulgence, vous dépouillerez du manteau de l'inviolabilité celui qui, ne l'ayant reçu que pour la défense de la société, tourne contre elle-même la garantie qu'elle lui avait accordée !

» Vous éloignerez de la tribune celui qui, n'y ayant été envoyé que sur la

foi du serment d'être loyal et fidèle
député, et d'obéir aux lois du royaume,
n'y monta jamais que pour les attaquer
et les rendre odieuses.

» Qu'il cesse d'être le représentant de
cette contrée à jamais célèbre sous le
nom de terre classique de la fidélité,
celui qui ne craignit pas de faire devant
vous l'apologie du régicide, l'apologie
de ce forfait qui, soulevant en un instant la Vendée, enfanta tout à coup
une armée de héros.

» Qu'il cesse d'être député. Qu'il jouisse
à ce prix, pour la dernière fois, du
moins, de l'inviolabilité que ce titre
lui assure, et que votre décision, Messieurs, reste à jamais déposée dans vos
archives, comme un monument élevé
pour prévenir le retour de pareils attentats.

» Je persiste dans ma proposition.

» J'ai l'honneur de proposer à la chambre d'user du droit qu'a tout pouvoir
politique de juger les délits commis par
l'un de ses membres dans l'exercice de
ses fonctions et dans l'enceinte du lieu

de ses délibérations, en expulsant
M. Manuel, député du département de
la Vendée. »

On voulait voter immédiatement : le
délit était constant ; la chambre, ou
du moins la majorité, reconnaissait sa
juridiction et croyait n'avoir pas besoin d'établir de débats pour délibérer
consciencieusement.

La minorité, ou plutôt la gauche,
ne s'occupait nullement des motifs de
la proposition, ou pour mieux dire, de
la cause qui l'avait fait naître, mais seulement de décliner l'incompétence de
la chambre en semblable pénalité. C'est
dans cette nouvelle occasion que le
général baron Demarçay fit surtout
briller sa *rare* éloquence.

M. Manuel entreprend ensuite de justifier *la phrase incriminée* par tous les
antécédens et toute la tendance de son
discours, qui, disait-il, démentent la
doctrine qu'on lui attribue ; il finit en
arguant que la chambre, qui n'est
qu'une branche du pouvoir législatif,
n'a ni le droit de faire ce qui serait in-

terdit aux trois branches réunies, c'est-à-dire de donner un effet rétroactif à une mesure quelconque, ni celui même de prendre pour l'avenir une mesure pour laquelle il faudrait le concours des trois branches, à supposer encore qu'elle ne fût pas contraire à la charte. « Vous voulez me repousser de cette tribune, ajoutait-il, *que justice soit faite*! Je serais la première victime, puissé-je être la dernière! Mais je le déclare, si je pouvais être animé de quelque désir de vengeance, victime de vos fureurs, je confierais à vos fureurs le soin de me venger ! »

La proposition est mise aux voix et prise en considération. On veut passer de suite à la discussion ; mais M. Lainé, qui a voté parce qu'il a cru qu'il était important qu'une chambre française trouvât le moyen d'empêcher un scandale semblable à celui qui a régné la veille à l'occasion du discours de l'orateur inculpé, dit, que les questions que ce discours a fait naître sont très-nombreuses ; qu'elles importent en même temps à la dignité et à l'existence de la chambre. Ces questions sont graves ; il supplie la Chambre de ne pas donner à la malveillance un prétexte contre elle ; de ne pas donner surtout à ses ennemis l'occasion de dire qu'elle est impatiente de punitions. Assez de calomnies sont déjà répandues, pour qu'elle en évite le plus léger prétexte.

L'avis de M. Lainé ayant prévalu, la proposition est renvoyée à l'examen des bureaux. Ils se réunirent le lendemain, 28, à midi, et nommèrent une commission, dont M. le comte de la Bourdonnaye, qui en faisait partie, fut le rapporteur (*).

A deux heures, la séance publique est ouverte ; les ministres y assistent.

Le rapport de la commission n'était pas prêt, il fallait continuer la dis-

---

(*) Cette circonstance s'est présentée plusieurs fois, où l'auteur d'une proposition en a été en même temps le rapporteur. MM. B. Constant, Duhamel, Laisné de Villévêque, etc., se sont trouvés précédemment en pareille passe.

cussion du projet de loi. M. Manuel veut alors reprendre la parole qui lui appartient; il est accueilli comme la veille : « Qu'on le fasse descendre de la tribune !... à bas !... point de factieux !...

L'agitation est telle que le président est obligé de lever la séance.

Le 1er. mars, M. le comte de la Bourdonnaye fit le rapport dont voici des extraits :

Messieurs,

» La commission que vous avez chargée de vous présenter un rapport sur la proposition qui vous a été faite d'exclure de votre sein M. Manuel, député élu de l'arrondissement de Fontenay, m'a confié le soin de vous soumettre son travail.

» En donnant cette mission à l'auteur de la proposition, elle a eu pour but de vous faire connaître que non-seulement elle admettait à l'unanimité cette proposition dans toute son étendue, mais qu'elle avouait tous les principes sur les-

quels repose le développement qui vous
en a été présenté.

» Vos commissaires, prononçant
comme jurés, ont déclaré à l'unanimité
que ce discours tendait à justifier le régicide et que la dernière phrase prononcée par l'orateur avait un sens tel-
lement terminé et si positif au soutien
de cette épouvantable doctrine, qu'il
avait été forcé d'en changer les termes
pour y ajouter, dans sa lettre, un pa-
ragraphe explicatif, qui n'aurait pas pu
s'y lier dans l'état primitif où il l'avait
prononcée.

» Alors votre commission s'est deman-
dée,

» 1°. Si un député qui avait compromis à ce point l'honneur de son
caractère et la dignité de la chambre
par l'énonciation d'une doctrine aussi
anti-constitutionnelle, aussi anarchique,
aussi anti-sociale, pouvait sans honte
pour la chambre, sans indignation pour
la France, et sans effroi pour l'Europe
entière, siéger au milieu de députés
loyaux et fidèles?

» 2°. Si la chambre, pouvoir de la société, indépendante par sa nature, n'a pas en elle-même cette haute juridiction dont elle a besoin pour faire respecter et venger, quand ils ont été troublés dans son enceinte, l'ordre de ses délibérations et l'ordre publique nécessairement blessé par l'énonciation de doctrines subversives du gouvernement établi et de toute spèce de gouvernement ?

» 3°. Si, comme l'avait proclamé un honorable député à votre tribune lors de la discussion d'une question d'indignité, il n'existait pas une loi préexistante à tous les Codes, en tous les temps et en tous lieux, une loi qui se nomme la raison, la justice, et qu'en France on appelle encore l'honneur, qui ne permet pas à un corps quelconque de conserver dans son sein un membre qui a souillé l'honneur de son caractère ?

» Chacun des membres interrogé sur la première question, la commission a déclaré à l'unanimité que M. Manuel ne pouvait plus siéger dans cette en-

ceinte sans porter atteinte à la dignité
et à la considération de la chambre.

» Passant ensuite à l'examen de la seconde question, la Commission a reconnu que, par cela seul que l'inviolabilité de la tribune soustrait un député
à la juridiction des tribunaux, il doit
exister ailleurs une haute juridiction à
laquelle il soit soumis; que cette juridiction existe dans la chambre elle-
même; qu'elle est une condition nécessaire de son existence et la seule garantie de l'ordre de ses délibérations et
de l'ordre public, qui, sans cela, pourrait toujours être impunément troublé.

» Relativement à la troisième question, la Commission a également reconnu
que l'honneur, cette loi antérieure à tous
les codes, ayant consacré de tous les
temps, dans notre magistrature, cette
jurisprudence constante en vertu de laquelle tout membre d'un corps qui avait
compromis l'honneur de son caractère,
en était exclu par une simple délibé-
ration du tribunal ou de la cour auquel
il appartenait; que cette loi d'honneur,

écrite seulement dans tous les cœurs
français pendant quatorze siècles, se
trouvant enfin consacrée par les lois;
les dispositions des articles 49 et suivans
de la loi du 20 avril 1810, qui déter-
minent dans quelle forme et dans quelle
hiérarchie de juridiction elle est applicable aux tribunaux, ne pouvant pas
lier dans la forme un pouvoir indépendant qui ne reconnaît aucune juridiction au-dessus de la sienne.

» Qu'il résulte donc de ce droit de
haute juridiction, qui fait l'essence de
tout pouvoir indépendant, et de cette
loi de l'honneur préexistant à tous les
Codes, et aujourd'hui consacrée par nos
lois, que tout corps politique ne pouvant
trouver qu'en lui-même ce que les corps
de magistrature trouvent dans la hiérarchie des tribunaux, c'est-à-dire la
puissance de suspendre de ses fonctions
et même d'exclure de son sein celui de
ses membres qui, ayant compromis
l'honneur de son caractère et la dignité
de son corps, serait pour lui un objet
de honte ou de déconsidération; il en

résulte, dis-je, que la Chambre des Députés, placée dans ce haut rang de nos institutions sociales, a non seulement le droit, mais encore le devoir de suspendre de ses fonctions et d'exclure de son sein M. Manuel, député de l'arrondissement de Fontenay, si elle juge qu'en prononçant le discours qui fait la matière de son accusation, il a compromis l'honneur du caractère d'un Député loyal et fidèle, et la dignité d'une Chambre dévouée au Roi et à la monarchie constitutionnelle.

» Cependant on a prétendu, Messieurs, dans la discussion qui s'est ouverte sur la prise en considération de la proposition qui vous est soumise, que l'absence d'un Code Pénal déterminé par vos réglemens, vous forçant d'être à la fois législateurs et juges, et créant une peine pour l'appliquer à l'instant, vous blesseriez ici tous les principes de la justice en admettant un système de rétroactivité aussi dangereux.

» Votre Commission pourrait peut-être répondre à cette objection par un grand

nombre d'exemples tirés de la jurisprudence établie dans les chambres
d'Angleterre et des États-Unis d'Amérique; mais elle a pensé que , quand bien
même ces exemples seraient absolument
semblables , ils ne pourraient faire loi
dans cette Chambre qu'autant qu'ils
reposeraient sur la véritable théorie des
lois, et seraient conformes aux principes
d'une justice rigoureuse. Qu'il était par
conséquent plus digne de vous, Messieurs, plus satisfaisant pour la raison, de
vous développer ces principes et de
les soumettre à votre examen.

» Pour remonter à ces principes,
Messieurs, il faut bien s'entendre sur
la rétroactivité.

» Nous la définirons l'acte par lequel
on soumet un individu à une peine
que la loi n'avait point encore déter-
minée au moment où le délit qu'elle
veut atteindre avait reçu son exécution, parce que la liberté légale consis-
tant à faire tout ce que le législateur n'a
pas encore défendu , il n'y a ouverture
et délit qu'au moment où la loi étant

officiellement promulguée , est censée connue de tous ceux qui vivent sous l'empire de cette législation.

» Aucun députéne peut ignorer qu'il n'a pas le droit , qu'il n'a pas la liberté légale de troubler , de quelque manière que ce soit, l'ordre des délibérations et l'ordre public. Et par cela seul que son titre de député l'enlève à la juridiction des tribunaux ordinaires pour toutes les fautes et délits commis dans l'exercice de ses fonctions et dans l'enceinte de la Chambre, il sait d'avance que ces fautes et délits ressortent de la haute juridiction de la chambre sur tous les membres qui la composent. Et comme il sait aussi que ce ne peut être que pour établir la graduation des peines, et non pour constater la défense de troubler l'ordre particulier de la chambre, ou l'ordre public de la société, qu'un Code pénal serait nécessaire dans une chambre , puisque cette défense de troubler l'ordre particulier ou l'ordre public est de droit naturel dans tout corps délibérant en public ; il a l'intime conviction , quand il trouble cet ordre, qu'il fait ce qui est contraire à l'essence du pouvoir auquel il appartient; qu'il fait mal, et que ce pouvoir n'a en lui-même le droit de haute juridiction sur les membres, que pour punir et réprimer ces excès; et comme il sait aussi que le pouvoir de la société auquel il appartient ne peut pas établir une juste graduation des peines contre des délits d'une nature particulière, qui tiennent trop à la pensée pour pouvoir toujours être matériellement classifiés par la loi, il ne peut pas raisonnablement ignorer que la juridiction d'un tel pouvoir ne peut s'exercer que par l'application juste et proportionnée des peines aux délits, en raison de leur nature et des circonstances particulières qui les ont accompagnés.

» Il ne peut donc y avoir de rétroactivité dans l'application proportionnée des peines aux délits, puisque l'existence d'une juridiction qui ne peut être raisonnablement contestée, se trouve concomitante avec l'impossibilité , ou du moins l'insuffisance d'un Code pénal qui puisse déterminer les règles suivant lesquelles elle sera exercée. . . . .

» Ainsi, à Athènes, bien qu'il n'eût été porté aucune loi contre le parricide , le premier qui commit un crime qui révolte autant la nature , fut justement puni d'une peine nouvelle.

» C'est donc par la même raison que toute violation des principes évidens sur lesquels repose l'existence d'un pouvoir politique est un délit contre sa nature , un délit que chacun de ses membres sait d'avance être contraire à l'ordre ; c'est par-là , dis-je , qu'aucun pouvoir politique constitué n'a jamais cru violer le principe de rétroactivité en punissant ce délit , quoiqu'il n'existât réellement aucun article de loi qui lui fût applicable. . . . .
. . . .

» Par tous ces motifs, votre commission a l'honneur de vous proposer d'exclure de votre sein M. Manuel , député de l'arrondissement de Fontenay , à raison du discours qu'il a prononcé dans votre séance du 26 février, et pour avoir par-là compromis l'honneur de son caractère de député et la dignité de la chambre. »

La discussion est renvoyée au 3 mars. Elle est ouverte.

Plusieurs membres de la gauche veulent élever des questions préjudicielles : le président leur fait observer qu'il s'agit de discuter une proposition déjà prise en considération, renvoyée à l'examen des bureaux, et sur laquelle il a été fait un rapport ; que les orateurs sont inscrits et que l'ordre de la discussion ne peut être interrompu par des questions préjudicielles que le règlement n'admet pas.

MM. le comte de Sainte-Aulaire, Royer-Collard et le général comte Sébastiani sont les orateurs entendus pour la défense de M. Manuel ; leurs principaux argumens sont :

Qu'un député étant traduit devant la chambre comme coupable de parjure et

4

de trahison , et la peine qu'on propose contre lui étant la plus forte que la chambre ait , non pas le droit, mais le pouvoir d'imposer , l'exclusion équivaudrait à l'interdiction des droits civils, peine qui est considérée comme infâmante ;

Que le député ainsi exclu ne rentrerait dans la société que couvert d'une tache ineffaçable , et qu'il y deviendrait un objet d'horreur et d'effroi ;

Que la chambre n'a pas le droit de juger le député accusé ;

Que si elle s'arrogeait ce droit , ce serait une violation de principe, violation moins dangereuse peut-être que le soin qu'on met à la colorer ;

Que personne ne peut mieux juger l'intention ou la pensée d'une personne, que cette personne elle-même , et que l'orateur accusé nie celle qu'on lui prête !

Les orateurs qui soutiennent la proposition, sont MM. Duplessis de Grenédan , Hyde de Neuville et André d'Aubière ; voici l'analyse de leurs motifs :

Le pouvoir d'exclure un député est nécessaire à l'existence des Chambres.

Tout corps au-dessus duquel il n'y a pas d'autorité qui puisse maintenir sa dignité, doit trouver en lui les moyens nécessaires de conservation.

L'honneur d'un corps dépend des hommes qui le composent.

Il est indispensable que ce corps ait le pouvoir de réprimer tout ce qui pourrait l'entacher.

La mesure que l'on propose est un droit de juridiction et de police intérieure qu'en principe général tout corps constitué doit avoir sur ses membres. C'est d'après cette doctrine, puisée dans le droit naturel, que les États-Unis d'Amérique ont établi dans leur sénat, et dans la chambre des députés des provinces, un réglement qui détermine des amendes, la surveillance et même l'exclusion.

Or, si le peuple du monde le plus

démocratique et le plus jaloux de ses libertés, reconnaît la nécessité de la juridiction des Assemblées législatives, il serait absurde de la refuser aux gouvernemens monarchiques, dont la combinaison demande plus de retenue et plus de convenance.

On voudrait que la chambre procédât comme jurés ; mais les jurés sont les juges d'un fait qui s'est passé hors de leur présence, tandis que la Chambre a vu et entendu.

Elle doit juger comme un corps de magistrats qui renvoie de son sein le membre qui le déshonore.

M. Manuel n'a-t-il pas affirmé que c'est parce que les puissances étrangères étaient venues en France, que Louis XVI a été précipité ?

N'a-t-il pas ajouté que ce qui a fait le malheur des Stuarts est justement la protection que la France leur avait accordée ?

N'a-t-il pas dit encore que c'est au moment où les dangers de la famille royale étaient les plus grands, que la

France sentit, pour se défendre, le besoin d'une forme nouvelle, d'une énergie toute nouvelle?

Le besoin veut dire la nécessité.

Or, la nécessité de se défendre emporte le droit, et ce mot seul est comme la justification du plus horrible des crimes.

Ces paroles sont d'ailleurs d'accord avec ce que disait le même orateur dans d'autres temps.

N'a-t-il pas dit d'un prêtre parricide (*), d'un juge de Louis XVI, que cet homme avait émis une opinion, et que, puisque la Chambre était destinée à représenter toutes les opinions, elle devait recevoir celle-ci dans son sein.

N'a-t-il pas accusé la France d'avoir eu peine à vaincre sa répugnance pour la famille des Bourbons?

Tout le passé doit prouver à la Chambre que les paroles de cet orateur sont l'expression de ses sentimens secrets, et

____

(*) L'abbé Grégoire.

ces sentimens sont la haîne de la royauté légitime.

M. Manuel qui, par deux fois, avait refusé la parole, monte enfin à la tribune.

« Alors même, dit-il, que j'aurais formé le projet de me justifier, le zèle de mes honorables amis aurait d'avance rempli ma tâche....

» Que d'autres cherchent à avilir la représentation nationale, ils y ont sans doute un coupable intérêt ; moi, poussé par un sentiment bien différent, je ferai tout ce qui dépendra de moi pour lui conserver son lustre....

» Je déclare donc que je ne reconnais ici à personne le droit de m'accuser ni de me juger. Je n'attends donc qu'un acte de vengeance, auquel je me résigne.

» Arrivé dans cette chambre par la volonté de ceux qui avaient le droit de m'y envoyer, je ne dois en sortir que par la violence de ceux qui veulent s'arroger le droit de m'en exclure....

» Si cette résolution de ma part doit appeler sur ma tête de plus grands dangers, ne sait-on pas que le champ de la liberté a été quelquefois fécondé par un sang généreux ?....

Quelques débats s'élèvent encore sur le mode du vote ; mais bientôt la majorité, qui est fatiguée des efforts que l'on fait pour prolonger un scandale qui n'était déjà que trop affligeant, y met enfin un terme en demandant la clôture de toute discussion.

La proposition est mise aux voix et adoptée ; M. le Président proclame l'exclusion de M. Manuel pour la durée de la session.

Il y eut pour le soir même convocation chez un particulier *très-connu sur les grands chemins ;* on s'y rendit en *diligence.*

Il y fut décidé que M. Manuel, au mépris de la décision de la Chambre, irait le lendemain à la séance. Les membres de la gauche devaient protéger son introduction en favorisant *la violation des consignes ;* huit généraux, bien comptés, *si l'on me passe le baron*

Demarçay , devaient diriger cette mé-
morable expédition.

A cet effet , ces Messieurs envoyèrent
tous chercher leur costume , pour faire
les choses en grand apparat !

M. Ravez, prévenu de cette machi-
nation , en informa MM. les questeurs
pour qu'ils eussent à donner des ordres
pour assurer l'exécution de la décision
de la chambre.

Le poste d'honneur de la garde nationale , le poste ordinaire des Vétérans,
une compagnie de troupe de ligne et
un détachement de Gendarmerie qui
était chargé de dissiper les attroupemens
au dehors, avaient été mis à la disposition
de M. Aubriet, premier huissier de la
Chambre , porteur des ordres et des
instructions de MM. les Questeurs.

Un seul vétéran occupait ordinaire-
ment le poste d'entrée de la salle des
conférences ; M. Aubriet ne jugea pas
à propos d'en mettre plus de deux ce
jour-là.

A une heure et demie, toute l'extrême
gauche , escortant M. Manuel, se pré-

senta à la porte de la salle des conférences.

Les deux vétérans qui devaient en
défendre l'entrée, étaient physiquement
dans l'impossibilité de le faire; M. Aubriet, responsable des ordres de M. le
Président et de MM. les Questeurs,
était en bourgeois; un seul agent, le
sieur Harenger, garçon de salle, qui
voulut faire respecter sa consigne, fut
renversé et reçut plusieurs contusions.
Ce fait a été constaté par un procès-
verbal.

Le président était déjà au fauteuil
lorsque M. Manuel *fut porté sur son
banc*.

Aussitôt une foule de conversations
s'établissent, et une certaine inquiétude
semble animer tous les visages.

A deux heures, le président ouvre
la séance et lit l'article 91 du réglement (*).

Dans votre séance d'hier, ajoute-t-il,

(*) Il se trouve rapporté plus loin.

vous avez décidé que M. Manuel serait exclu des séances de la chambre pendant la présente session.

Conformément à votre décision, le président a écrit à MM. les questeurs pour les inviter à donner aux huissiers l'ordre de ne pas laisser entrer M. Manuel dans la chambre. Cet ordre a été effectivement donné; mais M. Manuel s'y est introduit; je l'invite à se retirer.

M. Manuel se lève et lui répond: M. le président, j'ai annoncé hier que je ne céderais qu'à la violence; aujourd'hui, je viens tenir parole.

La séance est suspendue.; les députés sont invités à se retirer dans les bureaux; aucun de ceux de la gauche ne quitte la salle.

Dans cet intervalle, et un quart-d'heure avant son équipée, le sergent Mercier était dans un cabaret, au coin de la place du Palais-Bourbon, avec le tambour de sa compagnie, qui est sans contredit l'ivrogne le mieux conditionné des deux cent soixante-quatre tambours de la Garde nationale de Paris (*).

J'ignore si ces deux intimes avaient été y puiser la *liqueur des braves*; ce qui s'est passé un peu plus tard nous prouverait ou que le cabaretier ne leur en a pas donné de la *bonne*, ou qu'elle a bien peu de vertu sur l'illustre sergent.

Après une heure, M. Aubriet, accompagné de huit huissiers, se dirige vers le banc de M. Manuel et lui donne communication d'un ordre de M. le président, ainsi conçu :

« En vertu de l'article 91 du réglement de la chambre des députés, portant : La police de la chambre lui appartient; elle est exercée en son nom par le président, qui donne à la garde de service les ordres nécessaires.

» Attendu la décision prise hier par la chambre, et qui prononce que M. Ma-

______

(*) Je n'ai pas voulu le nommer ; mais M. Mercier doit voir, par ce renseignement, que je le connais.

nuel est exclu des séances de la chambre pendant la durée de la présente session.

» Le président de la chambre des députés ordonne aux huissiers de ladite chambre de faire sortir de la salle des séances M. Manuel, et d'empêcher qu'il n'y rentre ; à l'effet de quoi, ils se feront assister, s'il en est besoin , de la force armée, requise pour l'exécution de la décision de la chambre.

Signé : RAVEZ.

M. Manuel regardant cet ordre comme illégal , déclare qu'il n'y obtempérera pas ; que déjà il a annoncé qu'il ne céderait qu'à la violence, et qu'il persiste dans cette résolution.

Les huissiers se retirent et rentrent bientôt , accompagnés d'un piquet de gardes nationales et de vétérans , ayant à leur tête le chef de bataillon Duché , capitaine des vétérans , et M. Frémont, capitaine de la sixième légion.

A la vue de la garde nationale , Messieurs de l'extrême gauche jetèrent les hauts cris. Comment ! de la garde na-

tionale pour exécuter un pareil ordre !...
C'est déshonorer la garde nationale !...
On a osé nous envoyer notre garde
d'honneur !... MM. Foy et Lafayette ,
surtout , se débattaient comme des
diables...

M. Duché signifie à son tour à M. Manuel l'ordre de M. le président. Même
refus de la part de M. Manuel.

Le commandant Duché ayant invité
M. Frémont à faire sortir M. Manuel
par la force , celui-ci donne l'ordre au
sergent Mercier de prendre quatre hommes et de s'emparer de M. Manuel.

Pâle et tremblant , le pusillanime
Mercier reste immobile et balbutie
quelques mots inintelligibles.

Le général Foy s'emparant alors d'une
manière astucieusement habile de cette
tergiversation , cherche à donner le
change en la présentant comme la ma-
nifestation des opinions du *héros pas-
sementier*. Rappelons la vérité : cette
désobéissance ne fut qu'un véritable
manque à l'honneur , et ce manque à

l'honneur n'a été provoqué que par l'effroi qu'avait inspiré au sieur Mercier la vue du désordre qui régnait dans la salle des séances, où il ne se trouvait plus que les amis de M. Manuel.

Dans cette affaire, tout le monde perdit un peu la tête ; M. Frémont, dont les sentimens sont fort honorables, aurait pu donner d'autres ordres ; M. Aubriet aurait pu d'abord mieux observer ses devoirs, et M. Duché aurait pu faire avancer ses vétérans ; rien de tout ce qui aurait dû être fait, ne l'a été.

M. le colonel, marquis de Foucauld, requis par le premier huissier, entre à la tête d'un détachement de gendarmes, et s'adresse en ces termes à M. Manuel : Nous avons l'ordre de votre président de faire sortir M. Manuel par la force, s'il n'obéit pas aux représentations qui lui sont faites. Nous serions désolés d'être obligés d'employer la force vis-à-vis d'un député ; mais nous y sommes contraints par la loi et en vertu de l'ordre que nous avons reçu. Je répète que mon devoir est de forcer M. Manuel à sortir, et je le ferai. M. Manuel veut-il descendre?

— Non!

Après avoir répété trois fois cette sommation respectueuse, M. de Foucauld ordonne à ses gendarmes de saisir M. Manuel.

Il est conduit jusque dans la cour du palais, entouré des gendarmes, qui le sont eux-mêmes par les députés qui avaient escorté M. Manuel à son arrivée.

Là, M. Manuel monte dans la voiture de M. le marquis de La Fayette, accompagné d'autant de ses honorables amis que le cabas pouvait en contenir, et les deux rosses qui traînaient ce char triomphal paraissaient en avoir assez....

A Carthage!!! fit cent fois moins d'effet que : *rue du Faubourg-Poissonnière, n°* 21 !!!

En un instant, les bancs de l'extrême gauche furent vidés.

La séance reprit le cours ordinaire de ses délibérations, tandis qu'une portion de l'assemblée cherchait ailleurs les moyens de renouveler le scandale.

Le lendemain, ces messieurs vinrent tous; une déclaration signée par MM. Cabanon, Jobez, Latour-Dupin, Thiars, de la Borde, Kératry, Auguste Saint-Aignan, Bignon, Foy, Lafitte, Chauvelin, Labbey de Pompières, Gilbert des Voisins, Basterreche, Bouchard des Carnaux, d'Argenson, général Lafayette, A. Perrier, Girardin, baron du Limbert, Saulnier, Jouvencel, Saglio, Lecarlier, Méchin, Leseigneur, Gévaudan, de la Pommeraye, Destutt-Tracy, Dupont (de l'Eure), Delavaux, Etienne, de Laroche, Delaitre, de Lessert, Villemain, Pilatre, Gautret, Sébastiani, Lameth, Hernoux, Beauséjour, de Puyraveau, Gérard, Kœchlin, G. la Fayette, Caumartin, Savoye-Rollin, Tesseire, Boudy, Tronchin, Louis de Saint-Aignan, Vernier, Raulin, Lefèvre-Gineau, G. Gôt, C. Perrier, Pavé de Vandœuvre, Lapoype, Demarçay, Cerc, de Lasalle et Nourisson, fut remise au président ; la Chambre ne voulut pas en entendre la lecture, et ces messieurs se retirèrent *pour ne plus revenir,* disaient-ils!...

Telle est la vie politique de M. Manuel jusqu'à l'époque où il pouvait m'appartenir de l'explorer.

Ce récit n'a été dicté ni par la haîne ni par l'esprit de parti.

On me présente M. Manuel comme une victime. Je sais qu'il est par là devenu un être intéressant, même pour beaucoup de bons citoyens dont on a trompé la bonne foi ; mais je savais aussi que *justice a été faite,* et je devais m'expliquer.

On a employé le mensonge pour tromper, je me sers de la vérité pour convaincre !

Le *Moniteur* est là, qu'on le consulte.

Je ne dis à personne : Ne nommez pas M. Manuel.

Je dis aux électeurs : Vous, l'élite de la nation, choisissez des députés dignes de vous représenter !

Est-il digne de vous représenter, celui qui a fait l'apologie du régicide, et qui a voulu le faire asseoir à ses côtés dans la chambre des députés?

Est-il digne de vous représenter, celui qui a parlé avec tant de dédain de l'assassinat du vertueux Louis XVI ?

Est-il digne de vous représenter, celui qui disait à la chambre des cent jours, en parlant de l'immortel auteur de la Charte : « Je veux le bonheur des Français, et je ne crois pas que ce bonheur puisse exister, si le règne de Louis XVIII recommence?

Est-il digne de vous représenter, celui qui a osé dire à la tribune que la France partageait la répugnance qu'il éprouve, *lui*, pour les Bourbons?

Est-il digne de vous représenter, celui que des révolutionnaires d'autres pays, les *descamisados* et les *carbonari*, ont choisi pour patron? celui dont le nom est pour eux le *mot sacré*?

Est-il digne de vous représenter, celui que la chambre a dû expulser de son sein?

Quelles opinions et quels sentimens un mandataire doit-il apporter dans la chambre, si ce ne sont ceux de ses commettans ?

Il doit donc y avoir similitude dans les principes du mandataire et du commettant, et ceci est un cas de conscience.

La France et l'Europe sont fatiguées de révolutions ; pour y mettre un terme, repoussons les révolutionnaires.

On veut une opposition ?

On a raison ; nous la voulons aussi, nous la demandons.

Lorsqu'elle est franche et loyale, elle ne tend qu'à affermir les gouvernemens représentatifs ;

Lorsqu'elle est factieuse, elle ne veut que tout renverser.

Sachons donc la choisir !

Que veut M. Manuel ? le passé nous prédit l'avenir !

Que veulent de généreux citoyens, de véritables amis de leur pays ?

La consolidation de nos institutions,

leur amélioration , si elle leur est dé-
montrée; en un mot, le bonheur de
la France.

Électeurs ! il dépend de vos votes.

———

Imprimerie de GUEFFIER, rue Guénégaud, n° 31.

www.ingramcontent.com/pod-product-compliance
Lightning Source LLC
Chambersburg PA
CBHW051256030726
47595CB00003B/1279